L 27
n. 20440.

HOSPICES CIVILS DE TOULOUSE.

DÉLIBÉRATION

DE LA

COMMISSION ADMINISTRATIVE

Relative aux

HONNEURS A RENDRE A LA MÉMOIRE

De M. Charles-Guillaume VIGUERIE,

Chirurgien en chef honoraire des Hospices, président à vie du Conseil de santé, officier de la Légion-d'Honneur, etc., etc.

TOULOUSE

TYPOGRAPHIE DE BONNAL ET GIBRAC

RUE SAINT-ROME, 46.

1855.

ADMINISTRATION DES HOSPICES CIVILS DE TOULOUSE.

Séance extraordinaire du 15 janvier 1855.

La commission administrative des hospices civils de la ville de Toulouse, extraordinairement réunie dans le lieu ordinaire de ses séances à l'Hôtel-Dieu Saint-Jacques.

Présents : MM. Flavien d'Aldéguier, doyen, remplissant les fonctions de président; Ph. Féral, L. Borel, Bressolles, A. Ramel, administrateurs.

M. Flavien d'Aldéguier, doyen, président, fait le rapport suivant :

Messieurs,

Vous connaissez tous les causes du silence qui s'est fait autour de la tombe de M. le docteur Viguerie.

Mais si l'administration des hospices a dû se soumettre aux volontés d'un mourant, elle doit à la cité, elle se doit à elle-même, elle doit surtout aux hospices civils qu'elle représente, de faire entendre ses regrets et d'exprimer sa vive reconnaissance pour le médecin éminent, pour le grand opérateur qui lui consacra plus de quarante années d'une des plus illustres carrières qu'il soit possible de fournir.

L'administration des hospices tient d'autant plus à faire entendre sa voix, en cette douloureuse circonstance, que

M. Charles-Guillaume Viguerie était un des enfants de l'Hôtel-Dieu Saint-Jacques ; en ce sens qu'ayant pour père M. Jean Viguerie, chirurgien en chef lui-même de ce grand établissement, depuis le brillant concours à la suite duquel il fut proclamé (28 juillet 1776), et pendant les fonctions qu'il remplit jusqu'à l'époque de sa mort (28 janvier 1802); le docteur Viguerie, dont nous avons tant sujet de déplorer la perte, naquit dans cette même maison Viguerie, ainsi nommée, parce que la direction d'alors l'avait affectée au logement du chirurgien en chef, maison que l'administration actuelle vient de faire restaurer tout récemment, et à laquelle elle n'a pas manqué de conserver son ancien nom.

M. Viguerie, le deuxième de quatre frères, y naquit le 4 novembre 1779, comme pour recevoir le baptême de la science et les premiers enseignements de l'auteur de ses jours, par des exemples quotidiens, appuyés de mémorables cures.

En rendant hommage au talent du fils, qu'il nous soit permis de remonter aux grands services du père et de signaler une amélioration capitale, que dut l'Ecole de Montpellier aux profondes études anatomiques de cet habile opérateur, pendant les dix années qu'il y passa.

Il n'y avait point d'Ecole pratique à Montpellier, et on trouve dans une excellente notice sur M. Jean Viguerie, lue à l'Académie des Sciences de notre cité, dans sa séance publique du 29 avril 1843, par M. le baron Picot de Lapeyrouse, son secrétaire perpétuel, que M. Jean Viguerie en eut la première idée ; qu'il en fut le créateur, et qu'il resta longtemps à la tête de cette École, dite de Saint-Cosme ; institution qui forma dans le Midi des chirurgiens d'autant plus certains dans la pratique, que c'était dans la connaissance approfondie de l'organisme humain, qu'ils allèrent chercher la connaissance du mal ainsi que les moyens de le guérir.

Nous nous arrêterons, messieurs, à ce progrès sensible, et nous laisserons aux hommes de l'art, plus compétents que nous en cette matière, le soin de rappeler ce que la science et la pratique de la chirurgie durent à l'habileté, à l'expérience et aux mémoires adressés par M. Jean Viguerie, à l'Académie royale de chirurgie de Paris. Il fut couronné par elle en 1783, et recevait, lui aussi, en janvier 1802, après vingt-six ans des services les plus distingués, cette même ovation funèbre de toute la cité accourue à ses obsèques.

Initié, comme on l'a vu, dès le jeune âge, dans les secrets d'un art dont il voyait tous les jours de magnifiques applications, Charles Viguerie se rendit à Paris pour y faire ses études médicales et chirurgicales. Il s'y trouva à la même époque que des hommes de nos contrées, qui jetèrent un vif éclat dans cette même carrière : c'était le temps des *Esquirol*, des *Delpech*, de Toulouse; c'était aussi celui de *Double*, de Verdun (sur Garonne). Il fut leur émule, et après avoir marqué au milieu d'eux, il vint à Montpellier pour y prendre son grade de docteur.

Rentré à Toulouse, il avait exercé les fonctions de chirurgien adjoint, près de son père, pendant seize mois, depuis le 3 octobre 1800, quand la mort vint frapper M. Jean Viguerie, à l'âge de 56 ans.

Le jeune Viguerie n'était donc pas étranger à l'Hôtel-Dieu; il s'y était déjà fait de la réputation; il avait fixé les regards des médecins de la maison, parmi lesquels se distinguaient MM. *Dubernard* et *Brunet*, qui furent spécialement consultés à cette occasion par M. le baron de Lapeyrouse, maire de Toulouse.

La commission d'alors « considérant qu'il importe de fixer
» le choix sur un sujet dont les talents et les connaissances
» présentent à l'administration la garantie de ses devoirs, et
» la certitude que la perte éprouvée en la personne de M.
» Viguerie est susceptible de dédommagement et de réparal
» tion;

» Considérant enfin que les services déjà rendus aux pau-
» vres par M. Viguerie fils, sont des titres qui, réunis au

» mérite, doivent déterminer une administration aussi juste
» que reconnaissante.

Délibère :

« M. Viguerie fils cadet, nommé adjoint à son père par
» délibération du 11 vendémiaire an IX, est appelé à remplir
» les fonctions de chirurgien en chef de l'Hôtel-Dieu Saint-
» Jacques. »

Il était à peine âgé de 22 ans, et cette nomination du 3 février 1802 fut approuvée par arrêté préfectoral du 7 février.

Vous savez, messieurs, ce qui distingue cette belle carrière, commencée presque avec le siècle et qui a cessé seulement vers les derniers temps de l'année qui vient de finir. Vous vous rappelez encore l'empressement avec lequel se rendit naguère au milieu de nous et dans le sein du Conseil de santé, pour les mesures à prendre contre le choléra, l'homme excellent qui était déjà sous l'influence du mal qui vient de nous le ravir. Vous vous rappelez aussi les respectueux égards avec lesquels fut reçu ce prince de la science et de la pratique, qui venait modestement nous faire entendre ses précieux et derniers conseils.

Il nous reste maintenant à rappeler l'ensemble de cette belle carrière chirurgicale qui n'a pas duré à l'Hôtel-Dieu moins de 44 ans, et qui s'est prolongée jusqu'à 54 années dans la cité.

Ce n'est pas nous, messieurs, qui avons à parler, mieux vaut enregistrer ce que les anciens élèves du docteur Viguerie redisent de toutes parts. Durant cette longue période, le zèle de M. Viguerie ne se démentit jamais. Il arrivait le premier, commençait sa visite de bonne heure, hiver comme été, la fesant d'une manière qu'on pourrait appeler classique.

Les chirurgiens alors étaient plus rares qu'aujourd'hui. Tous les cas d'opérations graves affluaient à Toulouse ; M. Viguerie les pratiquait avec une admirable dextérité, les fesant précéder et suivre de précautions qui en assuraient le succès. Les soins qu'il donnait à ses malades ne l'empêchaient pas d'avoir constamment l'œil sur les jeunes et intéressants élèves qui le suivaient dans ses visites. Tous étaient attentifs à la parole et aux moindres gestes du maître, qui de son œil vif et pénétrant ne tardait pas à les juger. C'était dans leur propre intérêt qu'il se montrait exigeant pour eux ; il les stimulait par des prix dont il fesait les frais, et le talent qu'il découvrait sur son passage était certain de trouver près de lui encouragement, protection, et au besoin générosité.

Comme le chirurgien en chef des armées de l'Empire, comme le fameux et *vertueux* Larrey que nous avons vu à l'œuvre, M. Viguerie fesait sa visite avec un extérieur imposant, et ces bons exemples, en donnant de la dignité au service, profitaient encore aux élèves. Clair, net et précis dans ses paroles, rapide dans ses appréciations, il était bon ménager du temps qu'il savait si bien employer. Pour qui se rappelle la foule qui l'accompagnait, c'était bien le grand opérateur au milieu de ses jeunes disciples, les dominant de sa parole et de toute la puissance de son talent.

M. Viguerie était humain ; il était parfait pour ses malades; il s'attachait à gagner leur confiance ; il était charitable et venait incessamment à leur secours. Combien de fois ne lui est-il pas arrivé de glisser adroitement de l'argent, dans les mains du pauvre qui sortait, pour lui payer le voyage et la voiture nécessaire pour regagner son humble gîte ? Bien souvent aussi il y ajoutait, pour venir en aide à une famille intéressante, plongée dans la misère par des malheurs immérités.

Il ne manquerait pas de témoins pour certifier tout ce qu'a fait M. Viguerie, en ce genre, dans la cité. D'autres encore, au désintéressement qui le caractérise, viendraient ajouter les regrets qui sont également acquis à celui qui se montra si parfait dans la famille, si empressé à soulager les peines morales, et si sensible à l'amitié, dont il recueillit pour sa part de bien justes et sympathiques retours : mais il est temps de nous arrêter.

Porté par les suffrages de ses concitoyens au conseil de la

cité et au conseil général ; décoré de la croix d'officier de la Légion d'Honneur et de plusieurs ordres étrangers ; nommé par l'administration des hospices, chirurgien en chef à vie *exceptionnellement* (4 novembre 1836), pour un talent, pour des services hors ligne ; et quand il se démit de ses fonctions (10 septembre 1843), chirurgien en chef honoraire des hospices et président à vie du Conseil de santé, le docteur Viguerie a terminé sa belle et bienfaisante carrière à 75 ans 2 mois et 6 jours, rendant hommage à celui qui est la source la plus abondante de la charité, qui fut l'œuvre de toute sa vie, et il a fini en chrétien (11 janvier 1855).

Ainsi ce même nom de Viguerie, qui a pris place dans les postes élevés de la cité, et qui est celui d'hommes utiles qui ne lui ont jamais fait défaut ; ce même nom, durant deux générations, a été dans notre Hôtel-Dieu, et de père en fils, celui des deux éminents chefs de service, qu'on vient de réunir dans un même souvenir. Il est aussi celui du neveu qui succéda à M. Viguerie, et qui montra, par dix années les plus honorablement remplies, dont quatre comme chirurgien adjoint de son oncle, après de brillantes épreuves, et six comme chirurgien en chef, qu'il ne leur était pas inférieur, et que, si sa santé ne lui avait pas imposé l'obligation de se réduire momentanément, on aurait pu compter entières trois générations Viguerie à l'Hôtel-Dieu Saint-Jacques de Toulouse.

La commission administrative,

Vu le rapport qui précède :

Considérant les éminents services de M. Charles-Guillaume Viguerie, chirurgien en chef de l'Hôtel-Dieu Saint-Jacques durant 44 ans, pendant lesquels il n'a cessé d'accomplir sa mission avec un talent, un dévouement et une charité au-dessus de tout éloge,

Délibère :

Art. 1er. La maison annexe de l'Hôtel-Dieu commençant la rue des Tripiers, dite maison Viguerie, portera définitivement ce nom.

Art. 2. Sur la porte d'entrée de la dite maison, sera placé un marbre noir, avec cette inscription :

ICI EST NÉ
LE DOCTEUR VIGUERIE
LE 4 NOVEMBRE 1779.

Art. 3. Le portrait de M. le docteur Viguerie sera placé dans l'endroit le plus apparent du service des blessés de l'Hôtel-Dieu.

Art. 4. Il sera célébré un service solennel, en l'honneur de M. le docteur Viguerie, dans l'église de l'Hôtel-Dieu St-Jacques.

Art. 5. Une copie de la présente délibération sera remise, par l'administration des hospices en corps, à la famille de M. le docteur Viguerie.

Art. 6. La présente délibération sera soumise à l'approbation de M. le préfet.

La commission administrative,

Flavien d'Aldéguier, président ; Ph. Féral, L. Borel, Bressolles et A. Ramel, administrateurs.

Par ordre de la commission administrative,

Le Secrétaire-général, Ch. d'Esquerre.

Nous ne doutons pas que cette délibération ne reçoive incessamment une nouvelle et imposante sanction, dans l'approbation impériale, prescrite en ce qui concerne les honneurs publics.

Toulouse. — Imp. de Bonnal et Gibrac, r. St-Rome, 46.

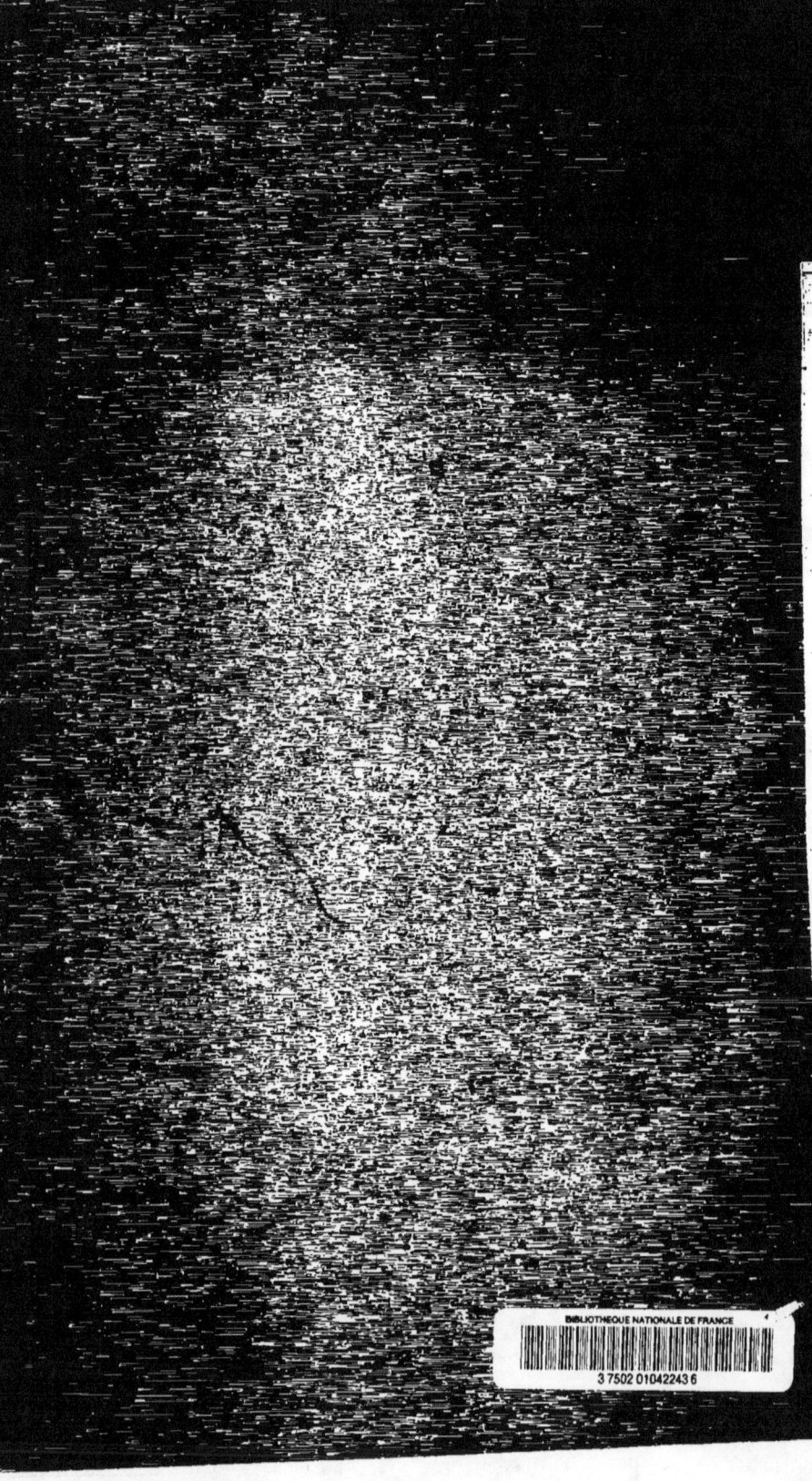

www.ingramcontent.com/pod-product-compliance
Lightning Source LLC
Chambersburg PA
CBHW071448060426
42450CB00009BA/2334